中华先贤人物故事汇

张良

沈 念 著

中华书局

图书在版编目（CIP）数据

张良/沈念著. —北京：中华书局，2019.6
（中华先贤人物故事汇）
ISBN 978-7-101-13752-1

Ⅰ.张…　Ⅱ.沈…　Ⅲ.张良(？～前186)-生平事迹
Ⅳ.K827＝341

中国版本图书馆 CIP 数据核字(2019)第 020514 号

书　名	张　良	
著　者	沈　念	
丛书名	中华先贤人物故事汇	
责任编辑	徐麟翔　董邦冠	
出版发行	中华书局	
	（北京市丰台区太平桥西里 38 号　100073）	
	http://www.zhbc.com.cn	
	E-mail：zhbc@zhbc.com.cn	
印　刷	北京瑞古冠中印刷厂	
版　次	2019 年 6 月北京第 1 版	
	2019 年 6 月北京第 1 次印刷	
规　格	开本/787×1092 毫米　1/32	
	印张 3⅜　插页 2　字数 40 千字	
印　数	1-10000 册	
国际书号	ISBN 978-7-101-13752-1	
定　价	18.00 元	

出 版 说 明

　　孔子周游列国，创立儒家学说；张骞出使西域，开辟丝绸之路；书圣王羲之，留下了曲水流觞的佳话；诗仙李白，写下了"举头望明月，低头思故乡"的名篇；王安石为纠正时弊，推行变法；李时珍广集博采，躬亲实践，编撰医药学名著《本草纲目》……

　　这些杰出的历史人物，有的是在中华民族文明进程中做出过突出贡献、对后世产生过巨大影响的思想家、政治家，有的是对中华优秀传统文化的传承传播发挥过重大作用的文学家、艺术家、科学家，有的是为国家安定统一、民族融合团结和中外文化交流做出过杰出贡献的军事家、外交家……他们为中华民族的繁荣发展做出了伟大的贡献，他们的行为事迹、风范品格为当世楷模，并垂范后世。

他们是中华民族的先贤人物。他们的思想、品德、事迹，是中华优秀传统文化的结晶。他们的故事，是对中华民族的禀赋、特点和气质最生动、最鲜活的阐释。他们的名字，在五千年中华文明史上最为光彩夺目。他们为五千年中华文明史书写了最为光辉灿烂的篇章。

为了解先贤，走近先贤，我们精心组织编写了这套《中华先贤人物故事汇》丛书。以详实可靠的史料为依据，以细腻动人的故事为载体，真实地呈现中华先贤人物的事迹、品格和精神风貌，彰显他们的贡献和功绩，以激发人们对国家民族的热爱，对中华文明、中华优秀传统文化的崇敬。

开卷有益，期待这套丛书成为你的良师益友。

目 录

导　读

张良，字子房，汉王朝的开国功臣，出色的谋略家，与韩信、萧何并称为"汉初三杰"。《史记·留侯世家》记载了张良的主要生平事迹。

张良是韩国贵族后裔，祖辈五世相韩。秦王朝统一六国，韩国灭亡，为了报仇，青年时期的张良颠沛流离，弟死不葬，散尽家财，招募勇士刺杀秦始皇。博浪沙刺杀失败后，他隐姓埋名藏于下邳，在那里偶然得到黄石公授予的《太公兵法》，并精研苦读，掌握了用兵之法。

秦末大乱之际，张良也组织起义队伍抗秦。本想投奔景驹，路上遇见刘邦，便归从了刘邦。他追随刘邦南征北战，成为其智囊，最终帮助刘邦推翻秦朝，战胜强楚，夺取了天下。

张良足智多谋，在历史上留下诸多佳话。他辅佐刘邦平定天下，奇计百出，功不可没。在降宛取峣、入主关中、鸿门脱险、烧毁栈道、联合诸侯对抗项羽、销毁分封六国印信等历史事件中，都少不了张良的献计献策。因此，刘邦称赞他："夫运筹策帷帐之中，决胜于千里之外，吾不如子房。"

即使有这么大的功劳，张良也不居功，不追逐利禄功名。汉朝初建，刘邦封赏功臣，张良辞让富庶齐地和食邑三万户的厚封，选择了当初与刘邦相遇的留地，所以后人也称他为留侯。受封之后，他闭门谢客，深居简出，轻易不问政事，恪守"疏不间亲"的为臣之道。后专心修仙学道，云游四海，得以善终。这既是张良高超政治智慧的体现，避免了韩信、彭越等功臣"兔死狗烹"的下场，也是功成身退、通透达观的人生态度的体现。

集谋略家与政治家于一身的张良，他的智慧、品德和功勋，令其青史留名，也是中华民族优秀精神文化遗产的一种折射。唐代开元年间，设置太公尚父庙，曾以留侯张良配祭。唐肃宗时追谥姜太公为武成王，并选历代良将十人，称为"十哲"，张良也是其中之一。北宋王安石曾有诗评价他："汉业存亡俯仰中，留侯于此每从容。固陵始议韩彭地，复道方图雍齿封。"可见，张良虽然没有独自统兵作战，但他的深明韬略、政治远见，在后世依然影响深广。

刺 秦

1

　　秦始皇二十九年（前218）春天的一个晚上，阳武县城内的一座普通院落，急促的脚步踩碎一地静谧，院门推开时发出的吱呀声，很快隐没于墨色苍穹里。

　　两进的院落里没有栽种花草树木，只有一条孤零零的石头小径。一个魁壮的身影一闪而进，房间里的微火突然间灭了。几句话的工夫，那个魁壮的身影已旋风般消失在黑夜里，留下瘦细的张良身体不易察觉地抖动起来。

　　人走了，但脚步声仍在耳旁。那个身影离开

时，反复说着两个字："快走！"

张良心里想着：是呀，如果不赶紧离开的话，也许过不了多久，这里将被秦兵包围搜查，那些杀戮者随时会闯进来……

张良关上院门，向外走去。他必须赶在秦兵大搜捕之前，趁着夜色逃离。

夜风突然变冷了。他感到一种从未有过的寒意，虽然早就做好了不计生死的准备，但他的手还是颤抖起来，每一根手指都不听使唤。

你害怕了？

不！为报国恨家仇，我无所畏惧！

你不怕死吗？

自立誓报仇复国的那一刻开始，我就将生死置之于度外！

你真不怕死？

对一个家破国亡之人来说，死有何惧？

……

他没有什么畏惧的，此生最大的心愿就是为韩国、为自己的亲人复仇。他回忆起谋划刺秦的点滴，如何找到帮手，如何选定地点……

令人惋惜的是，此后张良才知道，精心筹谋的铁椎行刺，最终还是在这个春天，以击中秦始皇的副车而失败告终。

2

公元前220年，张良带着满腔悲伤离开家乡前往淮阳（今属河南）。

十年前，韩国灭亡。十年来，张良在家乡组织队伍反秦，却落了个队伍离散、家人惨遭杀害的结果。失败让他明白：仅凭一己之力，很难取得抗秦的胜利。

此番去淮阳，为的是投奔父亲的一位故交，也是一位饱学之士。二人一见如故，张良向先生讲述了家中遭遇的变故。张良的祖父张开地和父亲张平，先后做过韩昭侯、宣惠王、襄哀王、釐（xī）王、悼惠王五代韩王的相国。堂堂"五世相韩"之家，竟然落到今日下场。

张平任相国期间，呕心沥血，兢兢业业，并没带给这个国家新的气象和转机，韩国反而日渐衰微，沦为东方六国中最弱小的一个。公元前250年，张平患病而逝。父亲离世二十年后，秦灭韩，韩王安被俘。

遭此国变，张良不甘心成为亡国奴，决心为韩国报仇。他和弟弟遣散家奴，变卖家产，组织力量抗击秦军。弟弟比他小两岁，身强体壮，喜欢练武，也读了一点兵法。不幸的是，弟弟不久中了埋伏，重伤离世。张良为了报仇，没有厚葬弟弟，将全部家财拿来招兵买马。

他打算训练一支精干的队伍，带去沙场杀敌。这支反秦队伍周旋于小股的秦军之间，打了几次胜仗，也常常被赶得东躲西藏、四分五散。

不久，灾祸又一次降临到昔日的相府，恼羞成怒的秦兵为了教训跟他们作对的张良，把他的母亲、姐姐和数十位亲人全都杀害了，家中财物也都抢掠一空。血洗之后又一把大火烧毁了张府的宅第。

至亲被害，张良感到从未有过的挫败和悲痛。国没了，家也不在了。从这一天起，张良就开始了四处暗中招募刺秦的勇士。有人听说要去刺杀秦始皇，赶紧扭头就走。有人好心劝阻张良不要意气用事，千万不要惹这杀身大祸。张良抱着复仇的希望，索性离开了家乡。

先生听到这里，百感交集："世事无常，没想到世兄遭此劫难。"

张良说："我来投奔先生，就是想要学习各家学说及兵法，寻机再招募勇士，替冤死的亲人，替覆灭的韩国复仇。"

先生悲叹一声："刺杀秦始皇，岂是一件容易的事。不过凡事不去做，又哪知道是易是难呢？"

听闻此话，张良更加坚定了刺秦的信念。他说："若杀了秦始皇，一国无君，群龙无首，还愁暴秦不倒吗？"

先生赞许，他把张良留了下来。张良潜心向学，经常与先生促膝交谈，对儒、墨、道、法等各家学说渐渐掌握熟悉，并有自己的见解。

春去秋来，先生深知张良始终未忘复仇之事，就把他叫过来，说："我所能教的，你都学得很好，不必在此浪费时间了。我给你推荐一位朋友仓海君，他在东夷为官，虽说是小吏，却是一位极有担当的人。找到他，对你或许有帮助。"

张良依言告别先生，去了东夷。

3

仓海是一座临海的小镇，镇上的男人出海捕鱼，女人织网或操持家务，孩子嬉戏玩耍，一派宁静祥和。

夜幕降临，张良敲开一户渔夫家，请求借宿一晚。开门的青年渔夫皮肤黝黑，体格壮硕，一看就是打渔的好手。青年渔夫没吭声，倒是家中的老母亲爽快地答应了他留宿的请求。张良暗想，这样孔武有力的壮士当个渔夫有些可惜了，但初来乍到不便多问，加之路途劳顿，他一躺下就睡着了。

半夜醒来，潮声阵阵，张良回想起淮阳先生说过的仓海君的故事。仓海君原是家境殷实的本地人，因看不惯当地官吏的鱼肉百姓、无恶不作，设计将其灌醉后杀死。后来又花钱买通关系，将其之死归咎为暴毙，并取而代之成为仓海吏。经过他的一番周旋和维护，小镇上的人们才过上了平静的生活。

张良由衷地佩服仓海君，而他呢，又何尝不想有一番作为，只是他面对的可不是一个小小的官吏，而是高高在上的皇帝。

次日大早，青年渔夫出海了，张良与老人告辞，就前去拜见仓海君。仓海君身材高大，年纪约摸五十左右，听说张良是淮阳的先生推荐来的，十分热情地接待了他。

张良将自己的家世和遭遇和盘托出，恳切地说："先生盛赞您有勇有谋，我这次前来，特别希望得到您的指教。"

一个人敢冒天下之大不韪，仓海君对眼前这位年轻人另眼相看，也有一种惺惺相惜之感。

"后生可畏，韩国有您这样的子民，是复国的希望。我当初除暴安良，就是想保仓海这一方太平，若是我离开，恐怕仓海人又会回到被欺压的过去。"

张良急切地说："刺秦之事，若有勇士相助，则天下太平指日可待。"

仓海君点头，说："这样吧，我举荐一位壮士，他为人耿直，有一身好武艺，对始皇帝也恨之入骨，会是个好帮手。"

张良听后大喜。仓海君派人找来那位壮士，张良定睛一看，竟然是昨晚借宿其家的青年渔夫。渔夫身世坎坷，与秦始皇也有着血海深仇。他的父亲兄姊三人在战乱中被秦兵杀害，留下年迈的老母亲与他相依为命。前年他出海捕鱼，相爱的未婚妻被秦吏抢走，送到了咸阳做宫女。他找到秦吏说理求情，反被毒打受伤。伤好之后，他想闯入秦宫救未婚妻，却又听说她悬梁自尽了。他也想过刺杀始皇帝替家人和未婚妻报仇，却多次被老母亲和仓海君拦阻下来。

张良对他说："壮士，今日相见，三生有幸，我们一起共谋大事！"

壮士满口答应："好，一切都听兄长的安排。"

张良和壮士决定从皇帝出巡途中找机会下手。临行前，仓海君为他们饯行，他还请人赶制了一把重达一百二十斤（合今六十斤）的大铁椎，形状如瓜，长柄在手，投掷击人，杀伤力很大。壮士轻巧地抓起铁椎，向远处的空地掷去，把一块石头击得四分五裂。仓海君反复叮嘱，凡事要谨慎多思，周密谋划。为了让壮士安心，他还允诺一定帮其照顾好老母亲。

两个复仇者向仓海君拜谢告别，踏上了刺秦之路。

4

统一六国后，秦始皇一心想展示大秦帝国的威仪，四处巡游，也想借机震慑一下那些没有真心臣服的六国旧贵族们。为此，他征调大量民夫修筑驰道，为皇帝专用，若是有人擅自上了驰道，将被治罪。

齐鲁大地是秦始皇出巡的必经之地，出巡的路线和时间却被严加保密。张良与仓海壮士奔波在寻找始皇帝踪迹的路上。他们一路追寻打听，可每次都是迟了一步，他们刚追过去，出巡队伍又离开了。

"我们何时才能找到那个暴君呢？"屡屡扑空之后，壮士有些泄气。

"再等一等吧。"张良勉励壮士。

有一天，张良突然想到，始皇帝出巡总是要回咸阳的，何不守在他返回的路上寻求时机呢？

当他们匆促赶到阳武这个去往咸阳的必经之地，听到的却是皇帝一个月前就已返回的消息。张良二人只好从长计议，隐姓埋名到阳武县城找个谋生之路，再寻时机。

大半年过去，终于在第二年春天等来了秦始皇的第三次巡游。这一次，始皇帝仍要途经阳武。

阳武临近黄河，方圆几十里都是沙地，一马平川，无遮无拦。张良想方设法打探到始皇帝的出巡路线，想要寻找最佳的伏击点。那天他信步走到城外一个叫博浪沙的地方，停了下来。只见一道道沙丘如波浪涌动，沙丘上是一簇簇稠密的灌木丛，一条新修不久的驰道从这里穿过。张良眼前一亮，异常兴奋：这真是一个好地方。他找来壮士商议："我们事先隐蔽在灌木掩护的高地，等车队经过时，再投掷铁椎，始皇帝必然车毁人亡。"

壮士点点头说："只要认准了始皇帝的车，必中无疑。"

皇帝巡游队伍到来的这天清早，张良与壮士在灌木丛中埋伏好。壮士说："兄长还是速速离开吧！"

　　"你一人留下，我不放心。"

　　"我会看准皇帝的车骑再投掷的，兄长回住处等待消息吧。此地危险，不可久留。"

　　张良依言离去，心却悬在了博浪沙。

　　出巡的车马队伍傍晚才缓缓驶来，大队人马声势喧腾，所经之处尘土飞扬。灌木丛中凝神屏气、圆瞪双眼的壮士，死死盯着车队中那辆最豪华的车辆。他料定那就是始皇帝所乘之车。车队离得越来越近，壮士全身都汗涔涔的。他擦干手心的汗，等车离他最近的一刻，起身站立，大叫一声，把铁椎投掷出去。只听见一声轰响，马匹惊吓嘶鸣，侍卫们赶紧上前护驾，现场一片混乱。

　　壮士趁乱逃离，回到城里时天已经黑了。他找到张良，告诉他大事已毕，并催促他赶快出城，不久搜捕的秦兵就将到来。

　　两人就此别过，足迹被夜色覆盖。身后的阳武城，被秦兵的一夜搜查闹得鸡犬不宁……

皇帝巡游队伍到来的这天，张良与壮士在灌木丛中埋伏好。

授 书

1

  张良沿着黄河一路东逃，萋萋荒草向他敞开被湮没的小路。他夜宿山林，白天赶路，渴了就喝溪水，饿了就啃几口干粮。也不知风餐露宿了多少个日夜，最后来到一个叫下邳（今江苏睢宁西北）的地方。

  下邳有水运往来之利，呈现出一派人丁兴旺、商贸繁荣的景象。

  张良隐居在此过了一段平静的日子，对城内城外的环境慢慢熟悉。一天夕阳西下，张良来到城外，落日余晖洒落河面，映照着漂荡在水上的紫色花瓣。横跨河上的桥，被阳光照彻，通体灿烂。

一位拄着拐杖的白发老人，慢慢悠悠地从桥那头走来。老人步履缓慢，神色庄重，盯着前方。落日的光芒突然间暗淡、消失，四周一片安静，只有老人扑哒、扑哒的脚步声由远而近。

"小子哎，给我把鞋拾过来。"老人说话了，张良怔了一下，并没有明白是怎么回事。他转过头，发现原来是老人的鞋掉桥下去了。

老人又开口了，对张良的发愣似乎有些不满，语气里充满责怪："小子哎，下去替我把鞋拾上来。"

老人的无礼让张良有些不悦，但看看老人满头白发，也就一声不吭地跑到桥下，把鞋子捡了回来。张良走近老人，正要把鞋子递过去，不料老人毫不客气地说："小子哎，给我把鞋穿上！"话音未落，一只脚已经抬起，伸到了张良跟前。

张良有些愠怒，再看看眼前的老人，白眉白须，神清气定。他压抑住怒火，屈身跪下，帮老人把鞋穿上。穿上鞋的老人，用脚跺了跺桥面，拄着拐杖，头也不回地径直往前走了。

"世上竟有这样理直气壮的老者？"张良望着他渐渐走远的背影，自嘲地笑了笑。

张良正欲离开，听到身后老人喊道："小子哎，你过来！"

张良心里纳闷，朝老人走去，不知他又要干什么。老人依然神情严肃，说："孺子可教。五天后的天亮之时，来此见我。"

张良虽然觉得奇怪，还是恭敬地答道："是。"

2

太阳升起落下，第五天清晨，张良早早起床，来到桥头。

远远地，他看见老人早就到了，站在桥头的晨曦里。

他正想叩拜致歉，老人生气地说："与老人相约，为什么迟来？"他转身就走，并说："五天之后早点来。"

又过了五天，鸡鸣时分，张良就赶到了桥头。只是，老人又比他先到等在那里。老人再次生气地说："为什么又晚来？"转身离去，说："五天后再早点来。"

这几日，时间过得特别缓慢，张良感觉老人不简单，却又猜不透用意。到了第四天晚上，张良在床上翻来覆去，怎么也睡不着。他索性动身前往桥头，心想这次一定要赶在老人之前。

月下的桥头，静寂无声。一切都像刚刚沉睡，只有流水醒着。他等了一会儿，看到一个人影向桥头缓步而来。月光追着人影，他看清了，正是那位仙风道骨的老人。

老人见到张良毕恭毕敬地候在桥头，高兴地说："正当如此。有心之人，才可成大事。"

老人把手伸进怀中，取出一卷书，说："世事难料，十年后天下将有大变。你好好研习，读通透了，将来可以做帝王之师。"

张良赶忙叩谢："谢仙师赐书，敢问尊姓大名？"

老人回答："来去无名，你若要记，就记着我是黄石公吧。"说完就转身离去。

"何时还能再见？"张良急切地冲着老人的背

老人从怀中取出一卷书交给张良，让他好好研习。

影迫问道。

"十三年后，济北的谷城山下，那块黄色的石头就是我。"

3

回到住处，借着灯光，张良小心翼翼地展开书卷，原来是《太公兵法》。他难以抑制内心的兴奋，差点惊叫出声。

之后的日子里，早起晚睡，张良反复研读这部兵书。偶尔读累了，他就信步走到城外，希望能再遇见白发老人，可哪里还有他的踪迹。

穿过街市，他站在人流之中，看着人们来来往往。他发现陌生的面孔、衣衫褴褛的人们越来越多，他们的表情各式各样——哀愁、悲伤、惊恐、绝望。从他们的交谈中可知，灾荒、徭役、逃亡、兵匪……把他们赶到了下邳。

张良意识到——天下局势变了。

一天，张良正沉迷于《太公兵法》，一位行色匆匆的大汉敲开家门。大汉嘴唇干裂，脸色疲惫，一看就是在外奔波了多日。他此来是为了讨碗水喝。张良赶紧把他让进屋中，悉心招待。

一番交谈后，张良得知大汉也是一个复仇者。他杀了仇人，为躲避追捕逃离了家乡。让人意外的是，他竟然是楚国名将项燕的儿子项伯。

项燕的事迹广为传诵。秦始皇二十三年（前224），秦将王翦率大军伐楚，项燕苦战两年，最后兵败自杀，楚国随即灭亡。张良对这位未曾谋面的项将军深怀敬意。若六国多几位项将军，秦始皇又怎能这么快统一六国！

两人相见恨晚，甚为欢喜。项伯想不到会在这里遇见博浪沙刺秦的张良，张良想不到自己痛惜失败的谋刺，也为眼前的这位名将之后所知晓。他帮助项伯在下邳隐藏起来，躲过了官府的追踪。二人从此也成为至交好友。

4

秦始皇三十七年（前210），始皇帝死于出巡途中。立长子扶苏继承皇位的遗诏还未送出，丞相李斯、中车府令赵高结党篡改了遗诏，幼子胡亥被立为新君。

李斯害怕消息走漏导致天下大乱，秘不发丧，车马日夜兼程赶回咸阳。当时正值夏天，棺车上的尸体已经腐臭，为避人耳目，在车上放了几十斤咸鱼以掩盖臭味。待在下邳的张良，过了些时日才听到这个消息，他没想到，这个暴君以这种方式结束了他的帝王生涯。

秦二世胡亥当上皇帝后，被赵高唆使着大开杀戒，大臣、手足兄弟都相继被处死。曾被倚重的将领蒙恬、蒙毅兄弟被逼自杀。不久，赵高诬陷李斯父子谋反，李斯被斩。秦朝的暴政、赋税和徭役，越来越繁重，百姓生不如死。面对百姓的反抗，秦二世却以比秦始皇更为残忍的手段来压制。没过多久，陈胜揭竿起义了。

起 事

1

月华如水，下邳城内一片寂静。

项伯从外面急匆匆地进来说："子房，你听说了吗？陈胜带头反啦！"

张良做了一个嘘声的手势，看了看门外，示意项伯坐下来说。

白天，张良就听到了街市上人们的议论。一支九百人的屯戍队伍，在去渔阳（今北京密云西南）的路上遇到了连日大雨，被阻隔在大泽乡（今属安徽宿州）。作为屯长的陈胜、吴广，商议的结果是：如若逃跑，被抓回来是死，发动起义也是死，同样是死，不如为国事而死，起而反之。

他们拉开了反秦的序幕。他们的起义，给饱受暴政压迫的民众引燃了希望。

项伯说："贤弟你还坐得住，不出多久，各地民众都会响应，不如你也举旗反秦吧。"

张良沉默不语，项伯猜不透他的心思，问："你熟读《太公兵法》，不正好派上用场吗？"

"兄所言极是，大丈夫应该有所作为。"张良觉得项伯说中了他的心思，既然时机到了，就不要再迟疑了。"项兄有远见，我明天就开始招募人马。"

"情势如此，我也该回乡看看。就与贤弟别过吧，保重！"项伯说。

张良送别了项伯，然后把平日与自己来往密切的邻人勇士召唤过来，大家早就对暴秦怨怒于心，听说要起事，立刻热血沸腾。几天时间，就聚集了一百多名青年壮士。

此时，受陈胜起事的感召，各地的反秦起义也如火如荼地蔓延，一些六国旧君主的后裔也趁机反秦，拥兵自主，割据称王。而让张良没想到的是，陈胜王很快被庄贾杀害，形势更加复杂。

张良的百来号人，面对庞大的秦军，是难有作为的。经过半年的转战奔波，张良决定先领着下邳的义军，前去投奔秦嘉。秦嘉原是陈胜的部下，陈胜被杀后，他就在离下邳不远的留地（今江苏沛县东南），拥立楚王室的后代景驹为楚王，打着楚国的旗帜反秦，四处招兵买马。

2

张良没想到在路上遇见了刘邦的队伍。

刘邦正要离开秦嘉，前去薛县投奔项梁。这位又被唤作刘季的泗上亭长，是沛县丰邑（今属江苏丰县）人，他当的这个小亭长，不过是一个地方小吏，掌管一亭之内的治安和道路，凡遇大事还得向县吏呈报。但他为人仗义，结交了不少朋友，在地方上小有名气。

陈胜起事，各地响应，刘邦也率众反秦。他在沛县小吏萧何、曹参的里应外合之下，杀了沛县县令，聚齐了二三千人，占领了沛县。

"沛公是从秦嘉将军那里离开的？"张良想要探个究竟。起事之后，刘邦被人们以"沛公"相称。

　　"秦嘉不可信，子房千万莫去投靠。"刘邦原原本本讲述了他的遭遇——他起兵后，带着队伍从丰邑出发，没有攻下多少地盘，反倒把老根据地给丢了。

　　"雍齿是个见风使舵的小人，当初归附就藏了私心，与我说定共同举义，让他留守丰邑，结果又叛投了魏王咎，在魏王那里封侯加爵。"刘邦说。

　　"那沛公去攻打他了吗？"

　　"打了，却没攻下。我实在难以咽下这口气，就去找秦嘉援助。但他只关心自己扩大地盘，听到要派兵，就找了'秦军来犯，不敢轻易动兵'的借口，迟迟不出手。"

　　"有难不帮，耻于为交。"张良说。

　　"好在也看清一个人的本性。陈胜率先反秦称王，被杀之后，秦嘉拥立景驹为楚王，其实一心要立自己的山头。"刘邦轻叹一声，"所以我这才离开，打算投奔项梁将军。"刘邦说。

"是几个月前会稽起兵的项梁将军？"张良问。

"正是。项将军带着侄子项羽，取了会稽太守殷通的首级，集合八千精兵渡江北上，讨伐暴秦，复兴楚国，队伍壮大到了六七万人。"

刘邦的一席话，让张良彻底打消了去投奔秦嘉的念头。他像是洞悉了张良的心思，诚恳地说："子房何不与我一道去投奔项将军？"

张良颔首，对刘邦说："好，从此后愿随沛公左右。"

3

留在刘邦队伍中的张良，被任命为厩将，负责军马事宜。张良好几次向沛公讲说《太公兵法》，刘邦甚感兴趣，遇到事也常常听从张良的计策。张良感叹说："沛公的智慧大概是天赐的。"此后越发坚定地追随刘邦。

陈胜被杀后，各地义军分散作战，力量被削弱，项梁深感反秦之路艰难，便发起号召，召集各义军将领会聚薛县商讨对策。

出身将门的项梁起事后，带领队伍打了不少胜仗，在江淮一带影响很大。年近七旬的范增此前一直隐居乡野，好谋略，出山之后选择投奔项梁。他分析陈胜失败的原因，是不立楚王后代而自立为王，失去民心的结果。因为秦灭六国之后，天下人皆以为楚最无辜，所谓"楚虽三户，亡秦必楚"。民心所向，项梁也应顺从民意，立楚王后裔以团结最大多数的反秦力量。项梁听从他的建议，找到楚怀王的孙子芈（mǐ）心，立他为楚王，仍旧称他为楚怀王。

范增告诉他："楚国人民一天不忘亡国之恨，就会拥护楚怀王，也就会拥护你项将军，那入关中灭秦复国就胜券在握了。"

此时张良已随刘邦来到薛县，他向项梁献策说："反秦需要各国联手，您已经立了楚国的后裔，但韩国至今未复，我听说韩国王族的后裔中，横阳君韩成贤能，若立他为韩王，韩国百姓必然响应，将会是一支反秦的有生力量。"

项梁便派张良去找韩成，立韩成为韩王，封张良为韩国司徒。

张良找到韩成后，与韩王一起带着项梁拨的一千多人，向西攻取韩国故地。他终于开启了复韩大业，告别了项梁。只是他没想到，与项梁将军的这一别却成了永别。

薛县会盟之后，项梁的势力不断壮大，加上他每每临战，都要广纳良策，不久就取得了东阿、濮阳之战的胜利。秦军受挫，楚军士气大振。

项梁派出的西征队伍，在项羽、刘邦的带领下，攻占了雍丘，斩杀了李斯的儿子李由。取得这些胜利之后，项梁逐渐有些骄傲轻敌起来。部将宋义曾谏言应谨慎行事，项梁没有放在心上。

秦二世二年（前208），项梁在定陶遭遇秦将章邯，秦军人马众多，章邯乘楚军不备，夜袭定陶，大破楚军，项梁被杀。

张良与韩王带着一千多人，向西攻取韩国故地，开启了复韩大业。

破 关

1

楚军定陶失利，项梁阵亡的消息传来，项羽和刘邦停下了西征的步伐。

项羽悲痛之余，认为攻下定陶是最直接的报仇方式。叔父最赏识的谋士范增，像是读懂了他的心思，极力劝阻他不能鲁莽冲动："项公三思而行！"

刘邦也在一旁劝慰："我也想马上去为项将军报仇，但军心不稳，不宜强攻，还是再作打算为好。"

项羽冷静下来，叔父曾经的教诲言犹在耳，羽翼未丰的他做了妥协，率军返回了大本营彭城（今江苏徐州）。

这时，楚怀王心也急匆匆地赶到彭城。他将项羽、吕臣的军队合并归自己统领，并封刘邦为武安侯，任砀（dàng，今河南夏邑东）郡守，驻扎砀县。

秦将章邯以为项梁已死，楚军余部不足为虑，转而向北攻打赵国，这恰好给了回撤的楚军休养之机。困在巨鹿（今河北平乡）的赵王向楚怀王求救，楚怀王与诸将商议，决定以楚军主力北上救赵，同时趁秦军主力在关中空虚之机，派另一支队伍进军关中，直捣秦都咸阳。

一心想复仇的项羽想领兵进入关中，但他之前暴虐滥杀的屠城之举被老将们认为有失民心，不宜派去关中。因为关中父老饱受暴秦之苦，西征军只有不残害百姓，才能顺利进入。他们认为沛公是宽厚长者，是合适的人选。楚怀王于是以宋义为上将，项羽为次将，范增为末将，领兵救赵，派刘邦西征关中。他还宣布一条约定："先入关者封为关中王。"

2

刘邦由砀县率军北上的征途并没遇到什么阻碍，一些反秦武装也加入到他的队伍中。不久，刘邦攻占了颍川，张良与韩王成一起赶来相会。

张良追随韩王成，一直没有建立起一块牢固的根据地，每次打下几个地盘，不久又被秦军夺回。兵力不充足，队伍不壮大，张良见刘邦进军顺利，又要西向破秦，便来投奔。

刘邦这一路西进避实击虚，迂回而前。秦二世三年（前207），从陈留攻开封不下，他听从张良的建议，绕道而行，在白马（今河南滑县东）、曲遇（今河南中牟东）连战得胜，避开难攻的荥（xíng）阳，南下攻占了颍阳（今河南禹州南），又北经平阴（今河南孟津北）攻向洛阳。

刘邦西进的同时，项羽领兵与围赵的秦军对峙。因宋义不同意与秦军正面交战，项羽杀了宋义，指挥军队与秦军在巨鹿大战，歼灭了秦军主力，扫除了入关的障碍。

挺进关中是刘邦此时最大的目标。

他原计划沿黄河西行，从函谷关进关中，不料在洛阳遇阻。张良建议他向南出辕辕关（今河南偃师东南），经武关（今陕西丹凤东）以入关中。刘邦便将韩王成留守阳翟（dí，今河南禹州），自己与张良向南进发。

秦二世三年六月，刘邦在犨（chōu，今河南鲁山东南）东大败秦南阳郡守吕𪚚（yǐ），吕𪚚退守宛城（今河南南阳）。

刘邦急于入关，恐怕宛城久攻不下，延宕时机，打算从宛城西边绕道而行。

出发前的黎明，风轻云淡，黑沉沉的队伍集结待命，鸦雀无声。张良拦住了刚走出营帐的刘邦，斩钉截铁地说："沛公，不可妄动，危险！"

"危险？危险从何而来？"

刘邦不解地看着张良。

张良说："不攻下宛城就进军关中，恐遭前后夹击，是下策。"

刘邦立即明白了张良提醒的关键所在，旋即改变主意，又回军把宛城团团围住了。

城外声浪四起，城里人心涣散。南阳郡守吕𪚚

黑沉沉的队伍集结待命，张良拦住了刚走出营帐的刘邦。

见坚守无望打算自杀，其随从陈恢劝阻，表示愿出城见刘邦解除危局。陈恢对刘邦说："沛公与其攻城遭受伤亡，不如与郡守相约，降则给予封赏并继续留任，如此西进之路也通行无阻了。"刘邦觉得有道理，接受吕齮投降并封他为殷侯，又封陈恢为千户。

刘邦不战而下宛城，士气大振，西进顺畅，丹水、胡阳等地守将纷纷投降。八月，刘邦攻入武关，关中南部的门户被打开了。

3

此时，项羽在巨鹿之战后，又进攻殷墟（今河南安阳），收降了二十万秦军，封降将章邯为雍王。至此，秦王朝主力军队空虚，刘邦又逼近关中，王朝内部发生了变乱。赵高先是杀了秦二世，后派人向刘邦求和，提出"分王关中"，想以此来缓解起义军的攻势，以图东山再起。

刘邦毫不犹豫地拒绝了赵高，继续进军，直指咸阳。

九月，赵高新立的秦王子婴不甘做傀儡，施计杀了赵高，并派兵增援峣关（今陕西蓝田东南），意图阻挡刘邦。

峣关在武关以西，是河南南阳一带通往关中的必经要道，也是护卫咸阳的最后一道关隘。刘邦打算用兵二万强攻，张良却站在了反对的一边。他说："我不赞成正面强攻，非为不攻。"

刘邦心中纳闷，不明其意。

张良接着说："峣关易守难攻，强攻只是白白牺牲将士的生命，与其强攻，不如智取。我听说守峣关的秦将是屠户子弟，这种人见利忘义，非常贪财。何不先布兵迷惑，再以重金利诱招降？"

刘邦以为有理。命令传下去，没过多久，山上遍插旌旗，士卒轮流呐喊作势要强攻。同时，刘邦派出说客郦食其（yì jī）携重金前去招降。守将提心吊胆，心知秦王朝的灭亡只是时间问题，刘邦来势凶猛，一路攻城略地，顽抗绝不是长久之计。

见到说客，守将一个"不"字都没说，不仅答应了讲和，还承诺要与刘邦联手西袭咸阳。

消息传回来，刘邦没想到峣关如此轻易地拿下了。他正打算应允，不料张良在一旁说："沛公是打算答应了吗？"

刘邦疑惑了，攻关不行，纳降也不成，难道要攻打已降之军？

张良说："反叛的仅仅是秦朝的将领，士兵们恐怕不会服从。果真如此，那就十分危险。我们不如趁他们懈怠时发动奇袭，一举歼灭，确保万无一失。"

刘邦仔细琢磨，不由得敬佩张良心细如发，顾虑周全。他亲自带领人马悄悄绕过峣关，翻越蒉山，从后面包抄守关主力，最终在咸阳附近的蓝田大败秦军。

峣关攻下，咸阳的最后一道屏障被打开了。

鸿 门

1

山南水北是为阳。

秦都咸阳坐落于九嵕（zōng）山之南、渭水之北，取"皆为阳"之意。

秦孝公十二年（前350），秦孝公将国都迁至这里，咸阳渐渐开始繁华。到了秦始皇统一六国，每征服一国就要在咸阳仿造一座相同的宫殿，并迁来天下富豪十二万户于此。咸阳城的繁华可想而知。

刘邦还是多年前服徭役时到过咸阳。那时他见秦始皇那般威风，不由感叹："大丈夫应当如此！"

时过境迁，峣关告捷，刘邦率领大军从蓝田向咸阳挺进，到了霸上（今陕西西安东）。秦王子婴见大势已去，决定投降。

子婴垂头丧气地走出宫殿，颈项上绑着绳索，手捧传国的玉玺、符节，素车白马，出城向刘邦投降。

至此，传国十五年的秦朝灭亡了。

2

人都是有缺点的，刘邦也不例外。好饮酒好女色，在他还只是小小的亭长时，就已人尽皆知了。

走进富丽堂皇的秦宫，看见美艳如花的宫女，刘邦心旌摇荡，喜不自禁，就想在宫中住下来。

大将樊哙是刘邦的连襟，当然知道他的缺点。他对刘邦说："您是想得到天下呢还是想当富翁？秦朝之所以灭亡，就是因为国君贪图这些奢华之物。您还是赶快还军霸上，不要留在宫中。"可是刘邦却无动于衷。他既生气，又无奈，只好找到张良诉苦："大业未成，沛公却如此沉迷享乐，先生快想想办法吧。"

张良摇了摇头，又点点头。

"先生到底去还是不去？"樊哙对张良的摇头点头甚为不解。

"将军不用担忧，沛公心怀天下，他会迷途知返的。"张良微微一笑，转身朝后宫走去。

他找到流连忘返的刘邦，问道："沛公当初起兵不过百人，到得今天的几万人马，又率先占领秦都咸阳，可知道这靠的是什么？"

刘邦脸色骤变，忍着不悦，轻声地说："子房请说来听听。"

张良一字一顿地叶出两个字："暴秦！"

刘邦愕然。

张良接着说道："正因为秦朝无道，您才能来到这里。要为天下扫除残贼，就应该力求俭朴。现在刚刚攻入关中，您就贪图享乐，乐而忘返，这就是人们所说的助桀为虐。况且，忠言逆耳利于行，良药苦口利于病，您应该听樊将军的，立即还军霸上。"

刘邦幡然醒悟，大步向外走去，扯开嗓子冲守

张良找到后宫中流连忘返的刘邦，劝他还军霸上。

卫的士兵说："立刻传令下去，封闭府库宫室，集合队伍，回霸上！"

离开之前，沉迷享乐险铸大错的刘邦为了安抚民心，召集咸阳及附近各县的父老和豪杰之士，告诉大家："父老们遭受秦朝严苛的法令太久了，我和楚怀王有个约定，谁先进入关中，谁就当关中王。按照约定，我应当是关中王。我现在也和父老们约法三章：杀人者死；伤人和盗窃的，承担相应的罪责。废除一切秦法，诸位的财产田宅如故。我这次来关中，是要为父老们除害，不敢有丝毫侵暴，不要害怕！而且我之所以要还军霸上，就是要等诸侯来了一起商量天下大计。"

关中父老百姓无不欢欣鼓舞，敲锣打鼓，纷纷给刘邦的将士送来牛羊酒食。刘邦听说后暗自得意，却命人告知：军中不缺粮食，不愿民众破费。关中百姓见刘邦如此谦让爱民，更是欢喜，唯恐会出什么漏子，让刘邦当不成关中王。

刘邦见民众拥护，喜形于色，便安心回军霸上。这时，一个谋士向刘邦进言："秦地富有，又有地势之便。如今听说章邯投降了项羽，项羽封他为雍王，封地关中。如今他们要来，沛公恐怕保不住关中。可立即派兵守住函谷关，诸侯军进不来，关中就夺不走，还是沛公的。"

刘邦左思右想，关中王的诱惑实在太大了。他没有再去征求其他人的意见，就听了谋士的撺掇。

3

听说刘邦已平定关中，派兵严密把守函谷关，项羽火冒三丈。他派出英布等攻破函谷关，带着军队一路西进。刘邦的部下左司马曹无伤听说项羽大怒之下要攻打刘邦，就偷偷派人来密告："刘邦要做关中王，让子婴当丞相，将珍宝财物占为己有。"想以此求得封赏。

一心想辅助项羽争天下的范增，也在一旁说："刘邦还是沛县小吏时，贪财好色，入关之后，与民约法三章，可见用心良苦。将来必是要与大王争夺天下的，不赶紧除掉他，后患无穷啊。"

项羽一听，更是火上浇油，下令犒劳士卒，第二天发兵攻打刘邦。当时项羽有四十万军队，号称百万，驻在新丰鸿门（今陕西临潼东）；刘邦有十万军队，号称二十万，驻在霸上。

项羽做出攻打霸上的决定后，惊动了一个人，此人就是项羽的叔父项伯。当年他与张良在下邳分别后，投身于项梁、项羽军中，他一直感念张良的义举，为了报答当年的救命之恩，决定向张良通风报信。

夜色深沉，楚军将士为了明日的激战，都已沉入睡梦中。项伯偷偷出营，赶去见张良一面。

刘邦的军帐里，一片安静，丝毫不知明日将有一场恶战来临。

项伯找到张良，对他说："事情十万火急，贤弟快点离开这里吧。"他将项羽的作战决定和范增的主张和盘托出。

深夜冒死相救，张良心中感激不尽，但他略加思索，说："我奉韩王之命送沛公入关。现在沛公遇到危险，我若自己私逃，实为不忠不义。待我与沛公说明此事，再作打算不迟。"

项伯说："我理解贤弟心情，快做决定吧！"

张良让他在帐营内休息，转身就闯进了刘邦的军帐。

"沛公，项羽明天要进军霸上了。"

"子房是怎么知道的呢？"刘邦惊慌失措地站起来。

"楚左尹项伯从鸿门赶来，特意告知此事，叮嘱我逃走活命。"

"这可如何是好，子房有好对策吗？"

"沛公是真心要对抗项羽吗？您估计您的士卒能抵挡得住项羽的大军吗？"

"唉，我害怕关中之地落入他人之手，才听从腐儒的建议派人去守住关口，把诸侯军拒之关外。现在哪有胜算可言，但是有什么办法呢？"刘邦又气又急。

"目前无路可退了，此事请沛公亲自向项伯说明原委，说您毫无背叛之心。"

刘邦听说张良过去与项伯有交情，想想火烧眉毛了，唯有依张良的建议去试一试了。他说："快去请项伯进来，他是子房的兄长，我也要以兄长之礼来待他。"

项伯却不过情面，只得进来见刘邦。帐内已摆好酒食，刘邦热情相迎，邀其上坐，举杯敬酒，叙说家常。席间，刘邦提出与项伯结为儿女亲家，项伯推辞，张良说："项刘两家情同兄弟，当初相约伐秦，今皆入关中，联姻也是一桩美事。"项伯见刘邦情真意切，又有张良愿做月老撮合，就答应了结亲一事。

这时，刘邦话题一转，言辞恳切地说："伯兄重情重义，深夜来访，我和子房不胜感激。请转告项将军，我入关后，清查了人口，封存了府库，秋毫无犯；降王子婴也没有发落，专为迎候项将军处置。我派兵守关，只是因暴秦新亡，为防备山林寇盗窜入，并非是阻挡项将军。我日夜盼着项将军来，不知反叛从何说起。我想此中必有误会，请伯兄向项将军说明我绝无二心。"

项伯应允："我回去即向项王说明原委，但明早沛公一定要亲自来致歉，千万不能忘记。"

刘邦喜出望外，当即答应一清早就去楚营。

项伯回营已是半夜三更，见到项羽军帐内亮着灯，就径直走了进去。他开门见山地说自己刚从刘邦军营回来，又将与张良过往的交情讲述一番。

接着又说:"这次也见到刘邦,他让我转告大王,他入关后府库宫室一律封存,降王子婴也没发落,就是为了等待大王入关,再商讨处置事宜。刘邦派兵守关,只是为了防范流寇,不是阻挡大王。"

"刘邦果真没有二心?"项羽鼻子里哼了一声。

"他明早要亲自来向大王说明,赔礼道歉,化解误会。"项伯说。

见项羽沉默,项伯又说:"如果不是刘邦打前阵,攻破秦关,立下大功,您哪敢入关呢?您不但不赏,反而要攻打人家,岂不是不义之举,让人耻笑?"

项羽略一沉吟,说:"容我再想想,等明天他来了再说吧。他若并无二心,我必会善待。"

4

天亮了,楚军将士整装待发,这时巡营士兵传报:"沛公前来拜见项王!"

刘邦带着张良、樊哙、夏侯婴和百余骑兵来到军营，只见夹道两旁士兵全副武装，肃然而立。刘邦让樊哙、夏侯婴等候在军门外，与张良一同进了军帐。

二人与项羽见过礼，只见项羽端坐高位，摆出一副盛气凌人的样子。他冷笑一声："沛公收下亡秦子婴的玉玺，派重兵守关，做了关中之王，我还准备前去恭贺呢。"

刘邦赶紧赔罪，说："将军定是听了小人挑拨。我们齐心协力攻秦，您征战黄河以北，我转战黄河以南，没想到我先入关破秦，与您在这里重逢。我入关之后，念秦法严酷，才与民约法三章，封闭府库宫室，等候将军来一同处置。将军胸怀博大，深明大义，我此次特地前来表明心迹，以消解我们之间的误会。"

项羽听了这番解释，说："沛公不要多心，这些都是你那左司马曹无伤说的。不然，我何至如此？既是误会，就都不要放在心上。"他吩咐摆好酒宴，要与沛公把酒言欢。

张良知道，气氛暂时缓和，但危机并没有真正解除。从进入军帐，他就看出亚父范增的眼神充满着敌意。

酒宴开始之际，军帐内气氛依然沉闷。项羽和项伯为主人，东向而坐，亚父范增南向，刘邦北向，张良西向。主宾落坐，举杯饮酒，范增按捺不住，几次举起身上的玉玦，使眼色示意项羽下令杀了刘邦，可项羽默然置之。

范增心有怨怒而不敢言，他中途离席，命人叫来项庄，对他说道："项王心慈手软，怕背负不义的罪名。你进帐假装举酒祝寿，请求在酒宴上舞剑，再借机将刘邦刺死。不然，我们将来都要做他的俘虏。"

项庄领命，进帐向刘邦敬过酒，转身向项羽禀告："项王宴请沛公，请准卑将舞剑以助酒兴。"

项羽应允了。

项庄起身拔剑，张良朝项伯使了个眼色。项伯看出了项庄的意图，跟着请求与之合舞。项庄身姿敏捷，出剑凌厉，一招一式，都指向刘邦。幸好有剑艺高超的项伯一一化解，还用身体蔽护刘邦，才让项庄始终没找到下手的机会。

军帐内，刀光剑影，惊心动魄。张良急得不行，找了个借口疾步走出军帐，找到樊哙。

樊哙见到张良出来，赶紧上前问："里面什么情形？"

张良说："情况危急，项庄舞剑，意在刺杀沛公。"

"这么紧迫，我进去和他们拼了。"

樊哙右手握剑，左手持盾，径直朝军帐内闯入。士兵上前阻拦，被力大无比的他撞倒在地。

他大踏步冲进了帐内，西向而立，瞪圆大眼望着项羽，眼眶似乎要进裂开来，怒发冲冠。

项羽一惊，本能地握住剑柄，直身欲起，问道："来者何人？"

张良赶紧替樊哙回答："这是沛公的护卫樊哙，鲁莽之人，不懂礼节，请您原谅。"

项羽素来喜欢威武勇猛之士，说："既是沛公的护卫，来人，赐他一卮（zhī）酒！"

樊哙跪下拜谢，接过一斗卮酒，站起来一口饮尽。

项羽又说："赐他一只彘（zhì）肩。"

侍从又递给樊哙一只生猪腿，樊哙毫不犹豫，将猪腿放在盾上，拔剑切成一块块，塞进嘴里大口吞吃。

项羽夸赞道："壮士，还能喝酒吗？"

樊哙大声说："臣死都不惧，喝酒又有什么可推辞的。"

项羽皱了皱眉。

樊哙接着说道："秦王暴虐，天下人才起而反之。楚怀王和诸将约定：先破秦入咸阳者为关中王。现在沛公先破秦入咸阳，财物丝毫不敢取，封存宫室府库，还驻军霸上，等大王入关后再作打算。之所以派人守函谷关，是为了防备强盗出入及其他非常事变。沛公劳苦功高，大王不但不封赏还听信小人诬蔑之词，要诛杀有功之人。这是步亡秦之后尘，窃以为大王做得不对。"

项羽无言以对，只说："请坐请坐。"樊哙便和张良坐在一起。坐了一会儿，刘邦假装说去上厕所，并举手招樊哙一起出去。张良随后跟了出来。

刘邦对樊哙说："此地不宜久留，我们该走了，但刚才没有向项王告辞，只怕不好。"

樊哙说:"大行不顾细谨,大礼不辞小让。如今人为刀俎,我为鱼肉,还辞什么别。"

刘邦想了想,决定火速逃走,让张良留下来解释。张良问他来的时候带了什么礼物,刘邦说:"我带了白璧一双,想献给项王;玉斗一双,想献给亚父。适逢其怒,不敢献上。你代我献上,也好向他们解释。"

从鸿门到霸上相距四十里,从骊山脚下抄小路距离更近,刘邦心中不踏实,又叮嘱张良:"你估计我回到军营,再进帐辞谢不迟。"张良答应了。刘邦骑上一匹快马,带着樊哙、夏侯婴等人从小路奔回自己的军营。

张良估算着刘邦已回到霸上,才走进军帐。他向项羽辞谢道:"沛公不胜酒力,今日喝多了一点,不能当面告辞。谨让我代他奉上白璧一双,再拜献给大王足下;玉斗一双,再拜献给大将军足下。"

项羽醉眼朦胧,奇怪地问:"沛公去哪里了?"

张良说:"听说大王有意责问他的过错,已经一个人回到军营中了。项王宽宏大度,不至于怪罪

张良估算着刘邦已回到霸上，才走进军帐，向项羽辞谢并献上礼物。

他吧。"

项羽收下白璧，置于座上。范增愤然起立，恼怒地将玉斗掀翻在地，拔剑敲碎，说："唉！竖子不足与谋，将来夺走项王天下的必定是刘邦，我们都等着当他的俘虏吧。"说完拂袖而去。

刘邦一回到霸上，立刻处死了曹无伤。

5

几天之后，项羽带领人马开进咸阳城。他处死了降王子婴，手下士兵不由分说就将宫殿内的财宝一抢而光。

项羽下令放火烧掉秦朝宫室。一座座宫殿，火焰四起。城内火光冲天，黑烟迷漫，到了夜晚，大火把整座咸阳城照得通明透亮。大火一连烧了三个月，咸阳城满目荒凉，变成一片废墟。

烧掉了咸阳城，收获了劫掠的财宝，项羽打算返回关东了。

早对楚怀王"先入关者王之"不满的项羽，决定"分土而王"。他对部将们说："当初伐秦，为了有复国的名号，而拥立楚怀王的后裔。三年来大家披甲上阵，牺牲流血，如今暴秦灭亡，天下安定，该由我们自己来分割天下的土地。楚怀王一直在后方享福，看在道义的分上，我建议尊他为义帝，给他一块封地。"诸将无不支持。

接着，项羽将楚怀王南迁，建都郴县（今湖南郴州），表面上尊为义帝，实则剥夺了他的权力。不久，项羽自立为西楚霸王，定都彭城。为了防范和限制刘邦，项羽与范增商定封刘邦为汉王，借口巴、蜀也是汉中之地，让他统领巴蜀地区，建都南郑（今陕西汉中）。关中腹地的八百里秦川，分赏给雍王章邯、塞王司马欣、翟王董翳三位秦朝降将，既互相牵制，又可阻挡刘邦东进。魏豹、赵歇、韩成、田都、田安等也都得到了封号及封地。

项羽非常得意，他以霸主自居，占有浙江、山东西部、河南东部等九郡之地。

至此，天下局势初定，只是这安稳的局面并没有持续太久。

东 征

1

受封后，刘邦心中气忿不平。张良怎会不知道刘邦这些日子的愤懑。项羽仗着势力大，非但不按约封刘邦为关中王，也不让他回到老根据地丰邑、沛县，而是将他分封到偏远的巴蜀之地。

刘邦咽不下这口气，头脑一热，想要出兵攻打项羽。萧何劝解他，如今敌众我寡，贸然攻击等于自取灭亡，不如暂时退让，在巴蜀养精蓄锐，再寻找时机。刘邦觉得有理，打算先回封地。

汉元年（前206）四月，各诸侯王分别回到各自的封地，刘邦也带着项羽分给他的三万人马回封地。因刘邦宽厚仁德的声名远播，一路投奔追随他去南郑的人源源不断，竟至有数万人之多。

张良对刘邦依依不舍，但他不能跟随刘邦去南郑，韩王成已经复国，他得回到韩王成身边辅佐。他一直将刘邦送到褒中，才洒泪而别。临别时，他对刘邦说："汉王，入蜀之后，每走一程，您就把身后的栈道烧掉，既防备诸侯攻打巴蜀，又可以向项羽表明无东归之意，以懈怠他的斗志。"

刘邦依照张良的嘱咐，一面走，一面烧掉所经过的栈道。

张良回到韩国，才知道因为自己辅佐刘邦引起项羽的忌恨，所以项羽不让韩王成去封国，将他带到彭城去了。张良来不及多想，就踏上了去彭城的路。

半途中，他却听到田荣自立为王，举兵反抗项羽的消息。原来田荣也算是起义军的元老，但却没有得到分封，便赶走了齐王田都，杀了胶东王田市（fú）和济北王田安，并三齐而自立。

同样没有得到分封的还有赵国的陈余。他见田荣起兵，便也趁势发兵赶走了常山王张耳，迎回了代王赵歇，重新立为赵王。而赵歇又把代地封给陈余，立他为代王。

就在项羽焦头烂额之际，张良给他写了一封信，信中说到刘邦已烧掉了栈道，没有东进之意，并说田荣与陈余有联兵之势，不可小视。项羽便放松了对刘邦的警惕，集中兵力向北攻齐。

八月，趁项羽在齐地作战的大好时机，刘邦接受韩信的建议，出兵关中。汉军连败雍王章邯，进围废丘。塞王司马欣和翟王董翳无力抵抗，先后投降。刘邦迅速平定了关中的大部分地区。见此情形，项羽急忙出兵阳夏（今河南太康）阻挡刘邦东进。他又将韩王成降为穰（ráng）侯，封郑昌为韩王，以对付刘邦。

与此同时，义帝被项羽催促着赶赴封地郴县，在路上被得到项羽授意的九江王英布、衡山王吴芮、临江王共敖劫杀。

项羽终于不肯放过韩王成，将他降为穰侯不久，又把他杀了。张良见韩王成被杀，决定逃走回到刘邦那里。

汉二年（前205），张良回到汉中，被刘邦封

就在项羽焦头烂额之际，张良给他写了一封信。

为成信侯。

项羽亲率大军北上齐地，所向无敌，直接打到了重镇城阳（今山东菏泽东北）。田荣大败，逃往平原（今山东平原南），当地百姓把他给杀了。

项羽改立田假为齐王，继续北进铲除叛军。所过之处，楚军一路烧杀抢掠，不堪忍受的齐地百姓纷纷聚众起义，反抗项羽。而田荣的旧部虽已打散，势力犹存，田荣之弟田横又立田荣之子田广为齐王，起兵反楚于城阳。项羽陷入战争的泥潭，无法立刻结束在齐国的战争。

此时的刘邦，按照张良的建议，减免赋税，安抚民心，在关中站稳了脚。汉军接连获胜，队伍壮大，刘邦外有强将，内有谋士，正踌躇满志谋划出关。

而项羽此时依然被齐国田荣的旧部牵制着，抽不出主力阻挡汉军。

刘邦率领主力从临晋（今陕西大荔东）渡过黄河，进攻魏国。魏王豹投降，率部众随刘邦征伐，再南下进攻殷王司马卬（áng）。司马卬见状，宣布投降反楚。接着，联合赵国军队南下，对楚国之地发动进攻。

汉二年（前205）三月，刘邦进驻洛阳，采纳了当地一个掌管教化的小吏的建议，为遭项羽阴杀的义帝发丧，发布文告，声讨项羽。此举具有很大的号召力，为联合各地诸侯反楚打下基础。

很快，刘邦率领大军经过洛阳到达外黄（今河南兰考东南），原来与田荣联合反对项羽的彭越，此时率领三万人马归属刘邦。刘邦拜他为魏相国，让他转战梁地，他则率着号称五十六万的汉军，向楚国的都城彭城进发。

2

项羽的精兵强将都跟随去了齐地平定叛乱，后方留守的不过是老弱之卒。汉军一到楚国地界，没费吹灰之力就拿下了彭城。这是张良始料未及的。

出征前张良还在提醒刘邦时刻警惕，可一进彭城，刘邦就像是卸下了身上所有的负重。胜利来得太快，项羽的老巢都拿下了，身为联军之首的汉王，他有些飘飘然了。他和诸将成天饮酒作乐，仿佛已经忘了还有项羽的存在，丝毫没有将对楚军的戒备放在心上。张良看在眼里急在心上，却毫无办法。

逃至齐地的楚军溃卒，把彭城失守之事禀报项羽。项羽立即带领三万精兵，日夜兼程赶回彭城，以迅雷不及掩耳之势，向汉军发动了进攻。楚军在彭城以东大破汉军，汉军退至彭城灵璧之东、濉水之上，无船可渡。两军交锋，汉军惨败，死伤无数，濉水为之不流。刘邦在几个亲信随从的掩护下，仓皇逃离。乱军之中，刘邦之父刘太公和妻子吕雉被楚军俘获。

兵败如山倒，费尽心力建立起来的联军如鸟兽散。塞王司马欣、翟王董翳逃往楚军，陈余与刘邦决裂，魏王豹也倒戈投降项羽。

自起兵以来，刘邦从未经历过这样大的惨败。他脑子里天天纠缠的是如何洗雪彭城之辱，唯有反败为胜，才能给那些无信义可言的诸侯们一记狠狠的耳光。

刘邦把众部下召集过来商讨对策。他说："这

刘邦召集部下商量对策，张良献计重用英布、彭越和韩信。

次败得太惨了，你们有什么良策？我可以将函谷关以东所有的土地作为封赏，谁能替我复仇？"众人默然不语。

张良轻咳一声，说："扭转战局，我看九江王英布及彭越、韩信可以依靠。英布虽是楚军猛将，但与项羽有矛盾；彭越早已反楚，韩信是军中可独当一面的大将军。汉王若是将关东之地封给这三人，他们定会不遗余力，破楚指日可待。"

张良的分析，刘邦觉得句句在理。他马上派人策反英布，又派人联系彭越，以组成新的反楚联军。接着拜大将韩信为左丞相，令他与灌婴、曹参一起进攻魏国。

刘邦退至荥阳，与项羽正面相持。汉二年九、十月间，韩信先后平定了魏、赵之地，这两地的兵马不断输送到荥阳，刘邦的兵力得到补充，得以和项羽持续周旋。十一月，英布被刘邦派出的特使随何策反成功，反楚归汉，项羽的力量进一步被削弱了。

虽然刘邦在局势上渐渐占据主动，但楚军力量依然强大，在荥阳前线屡屡进攻，汉军陷入困境。

荥阳北据黄河，背靠关中，利于据守。刘邦下令在荥阳至北面黄河边的著名粮仓敖仓之间修筑甬道，保证汉军的粮食供应。但项羽派兵从中间突破，切断粮道，让刘邦头疼不已。

这时，郦食其前来献计："从前商汤伐夏桀、武王伐殷纣，都曾封其后代于封地。秦王吞并六国，斩尽杀绝，致其后人无立身之地，所以才失败。如果大王重新分封六国后人，送去印信，六国的百姓、诸侯必定感恩戴德，都会前来支援，大王到时号令天下，连楚王也会前来称臣。"

"有道理！"刘邦赶紧让郦食其赶制印信，并让他去逐一分发。

郦食其还没出发，张良正好来拜见刘邦，正在吃饭的刘邦就与他说起此事。

"子房，你有什么看法？"

"谁替大王出的这个计策？这可是要坏事的啊。"张良惊讶地说。

"此话怎讲？"

"当年商汤、武王将桀、纣的后人分封，是有把握置桀、纣于死地，眼下大王能置项羽于死地吗？"

刘邦摇头。

"武王把纣存放在巨桥、鹿台的粮食钱货分给穷苦百姓，现在汉军连粮草都无法保证，大王能把您府库里的粮食钱财散给穷人吗？"

刘邦又摇头。

"灭商之后，武王把战车改为普通车辆，将兵器存入仓库，把战马放到山坡上，表示不再打仗，让人们安居乐业，大王眼下能做到吗？"

刘邦叹息一声："还做不到。"

"您的部下离乡背井，跟随您征战天下，为了什么？不就为了将来能裂土而封，世世享福吗？大王若果真分封六国后裔，大家都各自回去侍奉旧主，回故地跟亲人团聚，谁来帮大王取天下呢？况且，项羽目前力量强大，若六国的后人都去附庸他，谁会归顺您？还谈什么让楚来臣服您呢？"

刘邦放下筷子，吐出刚刚吃进去的东西，连声骂道："这小子几乎坏了我的大事！"说罢，下令赶紧销毁印信。

3

汉三年（前204）四月，楚军发起了一轮又一轮进攻，围住了荥阳城。无奈之下，刘邦派出使者前往楚营讲和，提出以荥阳为界，东楚西汉。项羽没答应，待汉使走后，也遣人赴汉营打探情况。

项羽没想到自己下了一着臭棋，楚使在荥阳城里中了刘邦的反间计。

早些日子，刘邦已派人打入楚军内部，散布流言："亚父范增暗中联络汉王，寻找机会里应外合，叛楚归汉，消灭项王。"

素来多疑的项羽，听到这些传言，想到荥阳久攻不下，对亚父开始抱着将信将疑的态度。

楚使来到汉军营中，起先受到热情招待。负责接待的谋士陈平耍了花招，他假装惊愕地说道："我以为是亚父的使者，原来是项王的使者。弄错了！"命人将美味佳肴撤去，换上粗茶淡饭。

楚使回来向项羽汇报，项羽大惊，更加怀疑亚父与刘邦私下勾结。他处处防备范增，收回了一些亚父的权力。

偏偏这时范增见围守荥阳城下的楚军迟迟不动，又催促项羽发兵攻打。

"鸿门宴上大王放走了刘邦，这次万不可错过了。"范增说。

旧事重提，项羽心中不乐，他盯着范增冷冷地说："如此性急，怕是荥阳未破，我的头就让亚父送给汉王当见面礼了吧？"

项羽的猜忌，让范增倍感寒心。他心灰意冷，一气之下向项羽请辞："天下事已定，项王好自为之，请准臣告老还乡。"

项羽一句挽留的话也没说。

范增气得背上长出大疮，他离开楚营，长途跋涉，背上大疮毒性发作，还没回到彭城，就不治而亡了。

转眼又过了一个月，楚军依然围住荥阳，刘邦被困城中，岌岌可危。

部将纪信主动向刘邦献上一计："臣从东门出，假扮大王出降诓骗楚军，大王借机从西门出，趁势突围。"张良打量着这位自告奋勇的大将，不由得替他担心，要是项羽知道受骗，必然不会饶过他。

"城中粮食没有了，汉王出降。"当夜，纪信穿着汉王的衣服，坐着受降的车缓缓驶出东门。楚军信以为真，围聚城东观看。同时，刘邦率领几十人出西门，趁着夜幕逃出了荥阳城。项羽很快发现上当，勃然大怒，下令烧死了纪信。

接着，项羽下令追击刘邦，突然发现荥阳城门关上了，城楼上依旧站满了全副武装的汉军士兵。

这个主意是张良出的。他料到项羽发现中计后，必然会派兵追赶，若留下部分将士继续守卫荥阳，拖住楚军，项羽就不敢全力去追，这样刘邦才能真正逃脱险境。

安全逃到成皋后，刘邦打算召集旧部，与楚军再战。恼怒中的项羽则一边继续围攻荥阳，一边分兵直扑成皋，打算趁刘邦立足未稳，一举歼灭。

"成皋不是久留之地，当下唯有回到关中，方可真正脱离险境。"张良建议道。

刘邦生气了："你不是说过不能轻易回去吗？"

"此一时，彼一时！"张良说，"汉王返回关中，召集兵马，重新杀回，方可真正解荥阳之围。"

刘邦虽说不乐意，但前思后想还是听从了张良的建议，回到函谷关。

留守关中的萧何治理有方，有他在，汉军的后方就是巩固的。补充了新的兵马，刘邦又振作起来，打算出关反攻荥阳。

这时谋士辕生献计，说赴荥阳并无取胜把握，不如出兵武关南行，吸引项羽兵力南下，汉军则坚守不战，争取时间休整，同时命韩信等将领在北方加强活动；如此则楚军各处应战，兵力分散，汉王趁机反攻，必可破楚。

刘邦依计而行。他率军南下，拖住楚军主力，又调兵遣将，让彭越在楚军的后方出击，迫使项羽两面作战，长途奔袭，在战略上处于被动。

功 成

1

汉四年（前203），项羽夺回了外黄、睢阳等十余城。

此时，汉军攻下了成皋，项羽听闻，顾不得兵马疲乏，又赶返西线。汉军在广武山一带凭险坚守，项羽也驻军广武，与刘邦一东一西隔涧相望。

时间拖长，楚军的粮草渐渐不足。可任凭怎么叫阵，汉军只是坚守不出。项羽计穷，突然想到了被关押在营中的刘邦父亲刘太公，决定以此来要挟。

刘太公被押到阵前，项羽恶狠狠地喊话："再不投降，我就把你老子剁了煮成肉汤。"

但是项羽低估了刘邦，只听见他回复说："当年我们受命于怀王，约为兄弟，既然如此，我的父亲就是你的父亲。如果你要烹了你的父亲，千万记得分我一碗羹尝尝。"

项羽被激怒了，下令杀了太公。项伯这时赶紧上前劝说："楚汉相争，胜负未分，何必撕破脸皮呢？志向远大者不顾家，你杀了太公，也没有什么益处，只怕反而招祸。"

项羽又隔着涧对刘邦高喊："天下不宁，皆因你我二人相争而起，不如我们单打独斗，一决胜负。"

刘邦却说："我只斗智不斗力。"并在阵前历数项羽的十宗罪：其一，背信弃义，不守入关之约；其二，假托怀王之命，杀害宋义，窃夺军权；其三，救赵之后不回报怀王，擅自率诸侯兵入关；其四，焚烧秦宫，掘始皇坟墓，私盗财物；其五，杀死归降的秦王子婴；其六，欺诈活埋二十万投降秦兵；其七，将亲信分封到富庶之地，原来的诸侯王被驱逐到贫瘠之地；其八，把义帝逐出彭城，夺取韩地，合并梁楚之地占为己有，自私贪婪；其九，派人暗中杀死义帝；其十，号令天下，为政不公，不讲信义，大逆无道。

项羽气得说不出话，一怒之下，命躲藏一旁的弓箭手射击刘邦。

刘邦躲闪不及，胸部中箭，叫了声"不好"，跌坐在地。但为了稳住军心，他只说被射中了脚趾，随即被众人抬进帐内。

张良入内探望，说："将士们不知大王伤得如何，若是能在营中巡视一番，军心必然安定。楚军知道汉王照常巡视，也不敢轻举妄动。"

刘邦忍着伤痛，到军营中巡视一番，才回成皋养伤。

2

正当楚汉在广武对峙、难见分晓之时，在三齐之地，韩信步步为营，平定了齐地。他修书一封，派人送给刘邦，称齐国与楚相邻，伪诈多变，反复无常，请封他为齐假（代理）王，以便镇服齐国。

刘邦看了信，大为恼火，骂道："我被困在此地，日夜盼你能来解围，你倒要自立为王！"

张良深知韩信的重要，他用脚尖踢踢刘邦，暗示他不要再说下去。又俯在他耳边小声说："现在形势对我们不利，哪能阻止韩信自立为王呢？不如趁势封他为齐王，让他安心驻守齐国，以免发生变故。"刘邦一下子明白过来，当着信使，又骂道："大丈夫能平定诸侯，就可以立为真王，何必做假王呢？"于是命令张良拿着印信到韩信军中，封韩信为齐王，并抽调他的兵马对付楚军。

经过长期对峙相持，形势越来越不利于楚军。听说韩信平定了齐地，项羽立即派出谋士武涉去说服韩信背叛刘邦，劝他三分天下，独霸一方。

但武涉磨破嘴皮，韩信不予理睬。连韩信的谋士蒯彻也劝他脱离汉王，自立为王，最终韩信还是不为所动。

相持日久，刘邦也坐不住了。他找来张良商议对策。

张良替他分析，项羽是轻易不会服输的人，不使他陷入绝境，怎能迫其议和。现在楚军粮食也

张良深知韩信的重要，暗示刘邦不要再说下去。

快断绝，时机差不多了，不如派使者去楚营试探一番。

刘邦派出说客侯公前往楚营讲和，提出交还刘太公及吕雉，双方就签订合约。

项羽虽不情愿讲和，但他如今四面受敌，孤立无援，军粮缺乏，不得已只能同意。

双方最后议定：以鸿沟（将黄河与颍水连通的一条运河）为界，中分天下，鸿沟以西属汉，鸿沟以东属楚，互不侵犯。

签订议和书，项羽将刘太公及吕雉放回，便撤军东归。

刘邦也打算向西撤兵，却被张良拦下了。

张良说："如今正是消灭项羽夺取天下的大好时机，如果中途休战，就会半途而废。"

刘邦诧异，停战议和是张良的主意，即使再战，也得让将士们休整，过些时日吧。

张良又说："当下楚军兵疲食尽，我们正可出其不意，攻其不备。若此时西归，错过这个机会，无异于是放虎归山。"

谋士陈平也附和："与项王议和，乃障眼之

计，是为了救出太公和夫人。如今目的达到了，便可大胆用兵了。"

刘邦有些犹豫。张良像是看穿了他的心思，说："我们以兵戈谋天下，兵书上说：'兵者，诡道也。'汉王若趁机追击，天下人不但不会耻笑，反而会说汉王深谋远虑。"

刘邦觉得有理，传令继续向东进攻，并派人约韩信、彭越引兵前来会战，共歼项羽。

让刘邦没想到的是，汉军追到固陵（今河南太康南），几路援军迟迟未到，楚军趁汉军孤军深入，又把汉军打得大败。刘邦只得坚壁自守，不敢应战。此时的他，像热锅上的蚂蚁，问张良有何对策。

张良说："韩信、彭越不来，是汉王没有给他们真正的封赏。当初韩信被封为齐王，并非大王本意，他至今也将信将疑，而且也没有划定封地；彭越平定梁地，只封为魏相，迟迟没有封王。他们心怀疑虑，怎会率兵前来呢？"

"那当下怎么办？"刘邦问。

张良说："请大王把陈以东直到东海封给韩

信，把睢阳以北至谷城封给彭越。韩信的老家在楚地，他早就想得到家乡的土地。假如大王能把这些地方许给他们，他们一定会全力助战，楚国就容易打败了。"

刘邦对分天下是不情愿的，但火烧在眉尖上，没有更好的办法来解决当下的危机，只好依计而行。

果然不出张良所料，得知受封后，彭越的援军很快就前来会合；韩信没想到刘邦会这么爽快地答应把那么大的地盘给他，也亲率大军与汉军会师。奉命进攻楚地的汉将刘贾则南渡淮河，诱降了项羽的大司马周殷。各路大军约三十万，将楚军团团包围在了垓下（今安徽灵璧南）。

3

夜风，吹响了垓下的哀歌。

韩信亲率前锋与楚军交战，后又联合左右翼一起合击，楚军不敌，开始撤退。汉军乘胜攻击。天色暗下来，项羽命令楚军退回垓下的大本营，坚守不出。

夜幕下的天空，星辰隐匿，它们的退场像是在凭吊白天倒下的将士。项羽毫无睡意，军中将士也大多没睡，夜，变得格外诡秘，变得危机四伏。

突然，凄婉的楚地歌声划破寂静的夜空，起初是一处传来歌声，接着楚营四面全是歌声。

项羽在军帐中坐立不安，他惶惑地问虞姬："难道汉军已将楚地全部占领了？"

虞姬并不回答，眼泪簌簌滴落。项羽悲从中来。自起兵以来，叱咤风云，所向无敌，没想到今日竟落到这般地步。

他禁不住慷慨悲歌，唱道：

力拔山兮气盖世，时不利兮骓不逝。
骓不逝兮可奈何，虞兮虞兮奈若何！

情势如此，项羽仍不甘心失败，精选了八百骑士，决定突围。他一路疾奔，悲痛难抑。

但是终究没能逃脱汉军的追击，奋力厮杀的他被宽阔的长江拦住了退路。他逃到了乌江口（今安徽和县东），原有渡江之意的他这时迟疑了——昔日称霸天下，如今成了孤家寡人，没有面目再见江东父老，也难卷土重来……

想到这里，项羽心中绝望，他拔剑自刎，结束了豪气盖世的一生。

仙 游

1

楚汉之争结束，天下大定，万民欢庆。

这段日子，张良屡屡想及下邳遇见的那位神秘老人，生出了寻访老者的念头。

争得天下的刘邦心情舒畅，张良提出想去一趟谷城山，刘邦满口答应，并派人护卫。张良谢绝了护卫随行，只身前往谷城山。

谷城山水丰林密，张良行走几日，缕缕清泉从山石间穿过，周围古木参天，枝叶交错，空气清新。投身大自然，他脚步轻快，似有闲云野鹤的轻盈之感。走到谷底一深水潭处，张良远远地看到一石峰，峰似一仙风道骨的老者形象，又勾起了他对神秘老人的回忆。

"小子！小子哎！"老人的呼唤，仿佛又在耳畔回响。

张良走到石峰脚下，突然看到一束黄光耀人眼目。走近一看，果真是一块黄石，背后刻着四句话：天地玄黄，山下有石，唯天不老，必有来人。

张良大为欣喜，这不正暗合了老人临别所言"山下黄石即我"吗？他叩拜祷告之后，将黄石从石峰上剥离，置于特制的檀木匣中，从此朝夕不离。

2

天下初定，刘邦并不能高枕无忧，他想到项羽分封诸王后引起的反叛，决心趁自己的力量还处于压倒性优势下，收回兵权，巩固权力。

他的第一个目标，就瞄准了齐王韩信。韩信灭魏、伐代、攻赵、降燕、定齐，齐地负山固海，物阜民丰，地理险要，最重要的是他手握重兵，一旦作乱，必难控制。

于是，刘邦到了定陶，突然驰入韩信的军营，夺走了他的军权。

刘邦的意图，诸侯王们都看出来了，他们联合上书，请求汉王登基为皇帝。刘邦假意推辞："皇帝必为贤德之人，不是我所能持守的，不敢即皇帝之位。"

深知刘邦心思的张良劝谏道："汉王起于平民，诛杀暴逆，平定四海，功比天高，万民敬仰，诸王臣服。诸王恳请汉王上皇帝尊号，为的是号令天下，名副其实。汉王不更名号，混同于诸王，所封诸王于心不安，为使天下久安，汉王请勿推辞。"

众臣王侯也你一言我一语，争相表忠心，坚持尊汉王为皇帝。

刘邦也就不再推辞。汉五年（前202）二月，刘邦在定陶登基称帝，是为汉高祖，定都洛阳。

称帝后，刘邦把韩信改封为楚王，只给了他陈县以东、淮河以北的原楚国国土，原先的齐国国土则全部收回。又封彭越为梁王，国境在原魏国地，定都定陶。加上之前封的赵王张敖、淮南王英布、韩王信、燕王臧荼，刘邦又把原衡山王吴芮改封为长沙王，原粤王无诸为闽粤王，一共封了八个异姓王。

五月，刘邦在洛阳南宫大宴群臣。酒过三巡，他问大臣们："朕之所以夺取天下，项羽之所以失去天下，是什么原因呢？"

王陵说："陛下派人攻城略地，胜了就把这些地方赏给他，与天下同利。项羽则不然，他杀害功臣，猜忌贤者，使部下离心离德，这便是项羽失败的原因。"众臣也附和，夸赞刘邦贤德。

刘邦却不以为然地说："你们只知其一，不知其二。自古以来，得人者昌，失人者亡。运筹帷幄之中，决胜千里之外，朕不如张良；安防抚民，粮饷保障，朕不如萧何；统率千军，战无不胜，朕不如韩信。此三位是人中英杰，朕能任用他们，才取得天下。而项羽连一个范增都不能用，何能不败。"

众人听了都心悦诚服，但张良却有了不安，他尽心辅佐刘邦，实则也是为推翻暴秦，报仇雪耻。他深知自己虽有权谋智勇却身单体弱，也了解刘邦的多疑善变。再则，世事虚浮，他不愿争宠邀功，只求善终。

不久，大臣娄敬对建都洛阳提出异议。他说了一大通有理有据的意见，建议建都关中。但刘邦身边的大臣不愿意，他们的老家大都在山东六国，如果定都关中，离家更远了。

反对的大臣们说："洛阳地势险要，山遮水护，东有成皋，西有崤山、渑池，背靠黄河，面向伊水洛水，这么好的地方为什么要搬离呢？"

又有人说："陛下想想关中历史，周王朝建都洛阳，世代相袭数百年，秦王朝定都关中咸阳，不过两代而亡。如此不吉利之地，不迁也罢。"

刘邦左右摇摆，拿不定主意，又去询问张良。

迁都不是一件小事，张良赞同娄敬的说法，但要坚定刘邦的信心，就必须有充足的理由。他说："洛阳虽有山河之险，但腹地太小，方圆不过几百里，而且土地贫瘠，容易四面受敌。关中左有崤山、函谷关为屏，右有陇山、岷山，南有巴蜀之饶，中间地带宽阔，沃野千里。且三面易守，东面便于管控诸侯。天下安定时，可以用黄河、渭水运送天下粮食供京城所需。如果诸侯有变，可以顺流而下，粮食和物资也可顺利运达。这才是真正的金城千里，天府之国。"

刘邦频频点头，接受了张良的主张，决定建都关中。对起初建议的娄敬，刘邦赐他改姓刘，后来人们也称其刘敬。

<h1 style="text-align:center">3</h1>

汉六年（前201），刘邦大封功臣。

那时的军功爵位有二十级，最高一级为列侯，列侯可享有食邑。封为列侯的人也封有一块地方，封地的事务皆由朝廷派去的官吏处理，封列侯者对封地有租税之权，故称为食邑，因封地户数不等，有的称万户侯。

张良是主要谋臣，没有战功，刘邦并没忘记他，让他从齐国选三万户作为封邑。张良认为自己既不是刘邦的宗亲、子弟、同乡好友，又没有杀敌夺地之功，于是说："臣不敢领受。"

刘邦颇为惊讶："子房，这是你应得的。"

张良说："臣起事于下邳，能与陛下在留地相遇，这是上天把臣交给陛下。陛下能采纳臣的计策，幸好碰巧能奏效，所以臣觉得能把留地封给臣就心满意足了，实在不敢接受三万户的封赏。"

刘邦见他语气恳切，只好说："好吧，就依你。"就这样，张良做了留侯，食邑一万户。

刘邦分封了二十余名大臣，其他人日夜争功，使刘邦左右为难，无法再封。一日，他看到宫外阁道上，将领们三五成群在交头接耳。

刘邦问张良："他们在说什么呢？"

张良不紧不慢地说："怕是在商量着如何造反吧。"

刘邦大吃一惊，说："留侯在说笑吧，这天下大定，他们为什么要造反呢？"

张良说："这群人跟着陛下南征北战，不就是有朝一日要跟着您得到分封吗？您封赏了身边那些亲近的爱将，惩罚了您的仇家，现在就算拿出天下土地也不够他们每人分一份，这些人既怕分封不到，又怕您检点他们曾经的过失被杀，所以才聚众商议预谋造反啊。"

刘邦急切地问："此事如何办才好？"

张良说："陛下最厌恶憎恨的是谁，就先封谁，这便昭示了陛下的宽容仁厚，群臣也就安心了。"

刘邦恍然大悟，立刻封赏曾和他有旧仇的雍齿。群臣众将看到雍齿分封，议论说："雍齿都被封为侯，我们更不用愁了！"

4

到关中之后，体弱多病的张良身体越来越不好，他索性闭门谢客，深居简出，在家颐养身体，修仙学道。

汉九年（前198），刘邦想要改立宠爱的戚夫人之子赵王如意为太子，吕后惊恐，不知该怎么办。有人对她说，张良善于出谋划策，深受高帝信任，何不去问他有何办法。吕后便派她的哥哥建成侯吕泽来找张良。

"留侯是陛下最信任的人，如今陛下要换太子，您绝不能置身事外。"吕泽说。

张良哭笑不得："当初陛下打天下时，经常处于危难中，有幸采用我的计策。如今天下安定，陛下因偏爱要换太子，这是骨肉之间的事，即使有一百个张良又有什么用呢？"

"无论如何，请您一定出个计策。"吕泽坚持道。

张良实在没有办法，只好出主意道："这件事用口舌是争不成的。现在有四个老人，很受陛下尊重，本想请他们出来做事，但他们逃避山中，坚决不做汉家的臣子，理由是陛下对他们傲慢无礼。"

"那我马上让人带着金银财宝，以太子的名义，谦恭有礼地把四位老人请出来。"吕泽说。

"对。如果请来了，一定要待为上宾，还要让太子带他们进入朝廷，让陛下看见。陛下知道是他请不到的四位贤者在辅佐太子，那保住太子的名位，就大有希望了。"

吕后听从张良的建议，即刻叫吕泽带着太子的亲笔信和贵重礼物，请来了四位德高望重的名士——商山四皓。

汉十一年（前196），英布谋反，刘邦正在生病，就想让太子带兵去平叛。这四个老人向建成侯吕泽说："让太子率军平叛，即使有了战功，地位也不会高过太子；如果无功而返，就会因此遭祸，失去太子之位。况且随同太子出征的这些将领，都是曾和陛下一同平天下的猛将，现在让太子统帅他们，他们不会为太子尽力的，也就很难有战功。"他们建议吕泽去找吕后，让吕后去向刘邦哭诉求情，就说如果让太子率兵平叛，英布听说后就会无所畏惧地西进；陛下虽然有病，但如果亲自监军，将领们就不敢不尽力。吕后就去找刘邦，刘邦听了很不高兴，但也只得亲自出征。

　　他率军出发时，群臣来送行，张良也支撑病体前往。他对刘邦说："臣本该跟随前往，无奈病得太厉害了。楚人剽悍勇猛，希望陛下不要和他们争锋。"又说："让太子做将军，监护关中军马，陛下在前线也可安心。"刘邦同意了，对他说："子房虽然生病，也要勉强辅佐太子。"这时叔孙通是太子太傅，张良就做了太子少傅。

　　第二年，刘邦平定英布回来，病得更重了，更想更换太子，张良劝谏，刘邦不听，张良只好推说有病不再过问。叔孙通用古代的事例劝说刘邦不要换太子，以死为太子争辩，刘邦假装允诺，但心里仍没有打消改立太子的念头。

一次，宫中举办宴会，太子刘盈在旁侍奉，四位须发皆白的老人跟随在太子左右，年龄在八十上下，衣冠甚伟，引人注目。刘邦第一次见到这些陌生的面孔，好奇地问："这四人都是谁？"

四人报上名号，刘邦一听，吃惊地说："朕请四位贤者，却一直躲避，怎么现在出现在这里呢？"

其中一人回答说："陛下轻视士人，喜欢辱骂人。我们不愿受污辱，所以隐居躲避起来。我们前来辅助太子，是听说太子仁慈孝顺，为人正直，礼待下士，臣等甘愿投奔。"

刘邦既喜且忧，说："太子能请来诸位贤者，也是太子有福，请你们好好辅助太子上进吧。"

他明白太子羽翼已成，改立太子的话阻力太大，便被迫打消了废嫡立庶的想法。

5

汉十二年（前195）四月，刘邦驾崩。太子刘盈继承了帝位，即汉惠帝，大权落在了皇太后吕雉手中。

太后听说张良一心修仙学道，不食五谷，感念于张良帮她出主意保住太子之位的恩德，便派人送去美味佳肴，强迫他饮食，并劝解他："人生正如白驹过隙，何必自找苦吃到这个地步。"张良不得已，勉强听命奉饮食。

但时间一长，他还是决定去追寻赤松子。他独自穿过崇山峻岭，终于在槐花盛开的五月，到达传说中秦岭赤松子的仙居。这是三间隐匿于云水之间的茅草小屋，屋前有一棵硕大的老槐树，树上挂满了紫色的花穗。这让他记起下邳的那棵古槐树。

一阵轻雾涌来，老槐树和茅草小屋若隐若现。一位老者，须发皆白，衣袂飘飘，站在古槐树下，目光投向云蒸霞蔚的远方。张良心喜，老者必定是赤松子无疑。

"来者何人？"老者问。

张良穿过崇山峻岭，终于到达秦岭赤松子的仙居。

"张良拜会仙师！"张良跪地行礼。

老者一动未动，说："你终于来了。"

张良说："仙师应知我早有心追随。"

老者张嘴深深一吸，似有云气聚成一缕轻细的白烟，涌进他的嘴里。

张良惊叹："仙师是在餐霞饮露吗？"

老者慢条斯理地说："大道无名，万物有灵。"一阵云雾飘来，老者隐身不见了。

"大道无名，万物有灵。"张良用心参悟赤松子的点化，开始了云游四海的生活。行走之中，他又搜集各类兵书，对所搜集的兵书进行整理修订……

张良想，这也许就是他此生最后的使命吧。

汉惠帝六年（前189），张良去世，死后追谥文成侯。这位一生传奇的谋臣，与他生前在谷城山下觅得的黄石埋葬在一起……

张 良
生平简表

● ◎ **秦始皇十七年**（前230）

秦灭韩，张良立志反秦复国。

● ◎ **秦始皇二十九年**（前218）

张良在博浪沙刺杀秦始皇失败，亡命下邳。

● ◎ **秦二世元年**（前209）

陈胜、吴广起义，刘邦于沛县举事，张良亦聚百余人举旗反秦，归从刘邦。

●◎秦二世二年（前208）

随刘邦投奔项梁，项梁派张良找韩成，立韩成为韩王。

●◎秦二世三年（前207）

张良跟从刘邦，攻破韩地十余城，又南下攻下宛，西入
武关。

●◎汉元年（前206）

秦王子婴向刘邦投降后，刘邦纳张良之谏，封秦府库，还军
霸上；刘邦赴鸿门宴，在张良的协助下，终于脱险；项羽封
刘邦为汉王，刘邦西去汉中，张良回韩国，临别献计"火
烧栈道"；项羽杀韩王成，张良逃跑投奔刘邦，被封为成信
侯；张良进言刘邦，韩信可以委以重任，联合英布、彭越共
同击楚。

●◎汉三年（前204）

刘邦入关中收兵，出武关，郦食其劝刘邦封六国后人为诸
侯，张良力谏而止。

●◎汉四年（前203）

项羽与刘邦议和后，项羽归彭城，张良向刘邦分析天下形势，与陈平劝刘邦追击项羽。

●◎汉五年（前202）

项羽兵败自刎，刘邦于定陶即帝位，都洛阳，张良劝刘邦听从娄敬定都关中的建议。

●◎汉六年（前201）

刘邦封张良为留侯，食邑一万户；张良献计封雍齿为侯，稳定诸将为争功密谋反叛的局面。

●◎汉七年（前200）

刘邦迁都长安，张良进入关中后，修仙学道，不吃五谷，闭门谢客一年多。

●◎汉九年（前198）

刘邦欲废太子，吕后强请张良出计，张良建议请出"商山四皓"辅助太子。

●◎汉十一年（前196）

英布谋反，刘邦亲自出征，令张良辅佐太子，为太子少傅。

●◎汉十二年（前195）

刘邦病重，仍想废太子，张良劝谏不听，故称病不问政事；"商山四皓"辅佐太子，刘邦放弃废太子；四月刘邦病逝，汉惠帝即位，吕后秉政；吕后感念张良恩德，劝张良食五谷。

●◎汉惠帝六年（前189）

张良去世，谥号文成侯。